L'EXTRADITION

DES

CRIMINELS POLITIQUES

PAR

Charles SOLDAN

Juge au tribunal cantonal du canton de Vaud et ancien avocat
à Lausanne.

PARIS

ERNEST THORIN, ÉDITEUR

Libraire du Collège de France, de l'École normale supérieure
des Écoles françaises d'Athènes et de Rome

7, RUE DE MÉDICIS, 7

1882

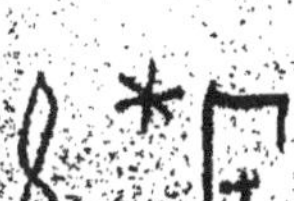

L'EXTRADITION DES CRIMINELS POLITIQUES

Extrait de la *Revue générale du droit*.

TOULOUSE, IMPRIMERIE A. CHAUVIN ET F... RUE DES SALENQUES, 28.

L'EXTRADITION

DES

CRIMINELS POLITIQUES

PAR

Charles SOLDAN

Juge au tribunal cantonal du canton de Vaud et ancien avocat
à Lausanne.

PARIS

ERNEST THORIN, ÉDITEUR

**Libraire du Collège de France, de l'Ecole normale supérieure
des Écoles françaises d'Athènes et de Rome**

7, RUE DE MÉDICIS, 7

—

1882

L'EXTRADITION DES CRIMINELS POLITIQUES

I. — De tous les progrès que le droit international a réalisés dans le cours de ce siècle, l'extension toujours croissante des traités d'extradition est certainement un des plus remarquables. Si, comme l'a dit Beccaria (1), la persuasion de ne trouver aucun lieu sur la terre où le crime demeure impuni est un moyen bien efficace de le prévenir, rien n'est plus profitable à la justice qu'une institution permettant de proclamer à la face du monde que la loi pénale ne connaît pas de frontière. Aussi est-ce avec raison que les Etats civilisés ont entouré des plus grandes faveurs cette « assurance mutuelle contre le crime, » comme on a défini l'extradition, et qu'ils se sont constamment efforcés d'augmenter les garanties des gouvernements et des peuples contre ce que M. Rouher a appelé, d'une expression heureuse, « l'ubiquité du mal. »

Malheureusement, les seules intentions sont rarement assez puissantes pour vaincre tous les obstacles. Il ne suffit pas que tous les gouvernements désirent se prêter un appui réciproque pour punir le crime. L'extradition, qui est une institution de droit international, doit être organisée de telle manière qu'elle ne lèse pas les droits de souveraineté des Etats contractants. Or c'est là qu'on se heurte à de nombreuses difficultés.

Une première consiste à savoir si un Etat peut, sans compromettre sa souveraineté, livrer ses propres ressortissants pour des délits commis à l'étranger. Telle est la question de la non-extradition des nationaux, fort discutée aujourd'hui et que nous nous bornons à indiquer.

Une autre difficulté naît à propos de la détermination des délits pour lesquels l'extradition doit être accordée. Faut-il établir une distinction entre les infractions de droit commun et

---

(1) Beccaria, *Des délits et des peines*, chap. *Des asiles*.

les infractions politiques , et excepter cette dernière catégorie de l'extradition ? Si oui, quelle doit être l'étendue de cette exception ? Doit-elle s'appliquer aux délits connexes et aux délits complexes ? Comment définir, d'ailleurs, les délits politiques ? Il y a là toute une nouvelle série de questions fort épineuses et fort controversées. C'est d'elles que nous essaierons d'entretenir les lecteurs de la *Revue générale* (1).

II. — La solidarité internationale, qui est à la base de l'extradition, a été comprise aussitôt que les règles du droit des gens ont été formulées en un corps de doctrine. Il faut, écrivait dans la première moitié du dix-septième siècle Hugo Grotius, que l'Etat sur les terres duquel se trouve un coupable atteint et convaincu fasse de deux choses l'une : ou qu'il punisse lui-même le coupable à la réquisition de l'autre Etat, ou qu'il le remette entre ses mains, pour le punir comme il le jugera à propos (2). A l'appui de cette thèse, le réformateur du droit des gens citait d'abord un certain nombre de cas empruntés à l'antiquité, puis il ajoutait : Au reste le droit qu'ont les puissances souveraines de demander les criminels qui se sont sauvés hors de leurs terres n'a lieu, suivant l'usage établi depuis quelques années dans la plus grande partie de l'Europe, qu'en matière de crimes d'Etat, ou de ceux qui sont d'une énormité extrême. Pour les autres moins considérables, on y ferme les yeux de part et d'autre; à moins qu'on n'en soit autrement convenu par quelque traité (3).

Ces passages présentent un haut intérêt au point de vue de l'histoire de l'extradition.

En ce qui concerne les peuples anciens, les auteurs modernes qui se sont occupés de la matière ont démontré sans peine que les cas cités par Grotius sont des faits isolés, qu'il peut être intéressant de rappeler, mais qui n'ont guère de valeur au point de vue du droit international (4). C'étaient, en effet, de simples actes de complaisance, généralement dictés par des considérations politiques : on livrait un coupable quand on pensait avoir un intérêt immédiat à le faire, tout comme, à l'in-

(1) V. l'article de M. Brégeault : *Le projet de loi sur l'extradition et sa discussion au Sénat* dans la *Revue générale du droit*, t. III, (1879), p. 329.

(2) Hugo Grotius, *Le droit de la guerre et de la paix*, liv. II, chap. 21, § 4.

(3) Grotius, *ibid.*, liv. II, chap. 21, § 5.

(4) Voir Billot, *Traité de l'extradition*, 1874, p. 32 et suiv.; Teichmann, *Les délits politiques, le régicide et l'extradition* (*Revue de droit international*, 1879, p. 475 et suiv.); L. Renault, *Des crimes politiques en matière d'extradition* (*Journal du droit international privé*, 1880, p. 55).

verso, la rivalité politique pouvait engager à repousser la demande de l'Etat requérant.

Au contraire, l'obligation internationale réciproque, qui constitue l'extradition telle que nous la comprenons aujourd'hui, est une institution relativement récente. Il est vrai que Grotius parle déjà de l'existence de traités, et le premier qu'on connaisse remonte même à l'année 1174 (1) ; toutefois, ce n'est guère que dans le cours de ce siècle qu'ils se sont généralisés et qu'ils sont devenus de règle entre les Etats civilisés, au lieu de rester une rare exception comme autrefois. Mais en même temps que les conventions se multipliaient, une distinction s'établissait peu à peu entre les infractions de droit commun et les infractions politiques, celles-ci finissant par être exceptées de l'extradition.

Ce mouvement, qui marche en quelque sorte en sens inverse du premier, mérite d'être étudié de plus près.

Dans le passage que nous avons cité plus haut, Grotius indique les crimes d'Etat comme étant au premier chef de ceux qui sont passibles de l'extradition. Conforme aux idées d'alors, cette manière de voir était expressément consacrée par la plupart des traités de cette époque. C'est ainsi que, pour ne prendre qu'un exemple, elle fut admise dans les diverses conventions qui intervinrent entre la France et la Suisse en 1777, 1798, 1803 et 1828 (2). Continuant cette tradition essentiellement favorable aux interêts des monarchies absolues, la Prusse, l'Autriche et la Russie se promirent encore, en 1834, l'extradition des individus accusés de délits politiques. L'ancien droit pénal était d'accord avec ce système ; le délit politique était considéré comme un délit de droit commun qualifié, et réprimé en conséquence (3). C'est à partir de 1830 environ que les traités internationaux, abandonnant cette théorie, commencèrent à ne plus soumettre les délits politiques à l'extradition. La France et la Suisse furent ici parmi les premiers ; par une déclaration échangée le 30 septembre 1833, elles abrogèrent d'un commun accord la clause du traité de 1828 qui faisait figurer dans les actes

(1) C'est un traité conclu par Henri II, roi d'Angleterre et Guillaume, roi d'Ecosse. Sur les plus anciens traités, voir Teichmann, p. 476 et suiv.

(2) Voir Teichmann, p. 477.

(3) Comp. Pfenninger, *Der Begriff des politischen Verbrechens*, rapport présenté à la Société suisse des juristes en septembre 1880, p. 12 et suiv.

passibles d'extradition les « crimes contre la sûreté de l'Etat (1). »
Peu de temps après, le 22 novembre 1834, une convention
franco-belge stipula expressément que l'étranger dont l'extradition aurait été accordée ne pourrait, en aucun cas, être poursuivi ou puni pour un délit politique antérieur à l'extradition,
ni pour un fait connexe à un semblable délit. Dès lors, on vit
figurer dans presque tous les traités une clause exceptant les
infractions politiques de l'extradition. En un mot, un revirement
complet s'était produit. Tandis qu'au siècle précédent encore
l'extradition était essentiellement établie en vue des criminels
d'Etat, la doctrine nouvelle, acceptée presque partout vers
1850, pouvait se résumer dans cette formule si simple et si
nette qu'employait le ministre de la justice dans la circulaire
française du 5 avril 1841 : « L'extradition ne peut avoir lieu en
matière politique (2). »

Toutefois, des difficultés ne tardèrent pas à surgir au sujet de
la définition des délits politiques, et notamment sur le point
de savoir s'il fallait y comprendre les attentats contre la vie
d'un souverain. De toutes les complications, la plus importante
fut sans contredit l'affaire de la machine infernale, qui fut saisie
en 1854, entre Lille et Calais, et qui était destinée à faire sauter
le convoi qui devait transporter l'empereur Napoléon III à
Tournai. Un conflit grave entre la France et la Belgique put
être évité ; mais l'affaire n'en eut pas moins pour conséquence
de faire modifier la rédaction de la plupart des traités d'extradition (3). La convention additionnelle, conclue le 22 septembre
1856 entre la France et la Belgique, stipula expressément que :

Ne sera pas réputé délit politique, ni fait connexe à un semblable délit, l'attentat
contre la personne d'un souverain étranger ou contre celle des membres de sa
famille, lorsque cet attentat constituera le fait, soit de meurtre, soit d'assassinat,
soit d'empoisonnement. Une clause identique ou analogue a dès lors
été introduite dans la plupart des conventions postérieures à
1856. Quelques Etats s'y sont cependant constamment refusés.
La Suisse ne l'a admise dans aucun des traités qu'elle a con-

(1) Voir le texte de cette déclaration dans Billot, p. 109.

(2) Cette circulaire, très souvent citée, est reproduite en entier dans le *Traité* de
Billot, p. 415.

(3) Voir, pour les détails de cette affaire, Billot, p. 114 et suiv. ; Teichmann,
p. 502 et suiv., et Renault, n°ˢ 22 et 23.

sentis; l'Italie et l'Angleterre ne l'ont pas non plus acceptée dans leurs traités avec la France (1).

III. — Si l'on résume maintenant l'état du droit positif international en ce qui concerne l'extradition des criminels politiques, on voit qu'un accord universel n'a pu être obtenu au sujet de l'attentat contre le chef du gouvernement. Pour dire mieux, certains États ont tranché cette question, et d'autres l'ont laissée intacte, ce qui obligera ces derniers à la discuter dans chaque cas particulier.

D'autre part, aucun traité ne définit expressément ce qu'il faut entendre par crimes et délits politiques.

Enfin, il règne une grande incertitude, soit quant aux délits de droit commun qui se trouvent joints à un délit politique par le lien de la connexité, soit en ce qui concerne les délits complexes, c'est-à-dire les actes qui portent atteinte à la fois à l'ordre politique et au droit privé.

Ces diverses questions, que nous essaierons d'aborder à notre tour, peuvent être étudiées au point de vue de l'interprétation des traités existants. Elles présentent, de plus, un haut intérêt au point de vue des principes et de la théorie du droit international. Aussi n'est-il pas étonnant qu'elles aient été vivement discutées de tout temps. Mais c'est surtout ces dernières années qu'elles sont devenues l'objet d'une attention plus générale. Les récents attentats qui ont été dirigés contre des chefs de gouvernement ont fait éclore toute une littérature qui, nous croyons pouvoir le dire, a de l'actualité les défauts aussi bien que les mérites.

Il vaut la peine de citer quelques-uns des travaux publiés dernièrement sur la matière.

En 1879, M. le professeur Teichmann, de Bâle, a fait paraître, dans la *Revue de droit international et de législation comparée*, un article étendu sur les délits politiques, le régicide et l'extradition (2). Il a été suivi en 1880 par M. L. Renault, professeur agrégé à la Faculté de droit de Paris, qui a traité le même

____

(1) On trouvera dans le travail de M. Teichmann, p. 504 et suiv., un résumé de l'état du droit conventionnel international sur ce point.

(2) Tome XI (1879), p. 475 et suiv.

sujet d'une manière non moins complète dans les colonnes du *Journal du droit international privé et de la jurisprudence comparée* (1).

Nous aurons à revenir plus bas sur les conclusions de ces deux intéressants travaux.

L'année 1880 a vu, en outre, deux congrès scientifiques s'occuper de la question. L'un, tenu à Berne par la Société suisse des juristes, a entendu et discuté deux rapports, présentés le premier par M. le professeur Pfenninger, de Zurich, le second par M. l'avocat W. Serment, de Genève, et s'est séparé sans prendre de résolutions (2). Presque à la même époque l'Institut de droit international, réuni à Oxford, entendait les rapports de MM. Ch. Brocher et L. Renault sur la matière et adoptait un projet de résolution en 28 articles. Relativement aux faits politiques, ce projet s'énonçait comme suit :

Art. 13. L'extradition ne doit pas avoir lieu pour faits politiques.

Art. 14. L'Etat requis apprécie souverainement, d'après les circonstances, si le fait à raison duquel l'extradition est réclamée a ou non un caractère politique. Dans cette appréciation il doit s'inspirer des deux idées suivantes : — *a)* Les faits qui réunissent tous les caractères de crimes de droit commun (assassinats, incendies, vols) ne doivent pas être exceptés de l'extradition à raison seulement de l'intention politique de leurs auteurs. — *b)* Pour apprécier les faits commis au cours d'une insurrection, d'une guerre civile ou d'une rébellion politique, il faut se demander s'ils seraient ou non excusés par les usages de la guerre (3).

Plus récemment encore, il a paru plusieurs articles sur la question. M. l'avocat Roguin en a fait l'objet d'une étude dans le *Journal du droit international privé* (4), et M. le substitut Brégeault d'un article publié par la *Loi* (5). Il convient aussi de citer ici deux travaux écrits en allemand et dus à la plume, l'un de M. F. de Holtzendorff, l'autre de M. F. de Liszt (6).

---

(1) Tome VII (1880), p. 55 et suiv.

(2) Ces deux rapports, sur les conclusions desquels nous reviendrons, ont été publiés. Celui de M. Pfenninger est intitulé *Der Begriff des politischen Verbrechens* et forme une brochure de 72 pages. — L'article de M. Roguin, que nous citerons plus loin, entre dans quelques détails sur les débats qui ont eu lieu à Berne.

(3) Voir, sur le Congrès d'Oxford, l'*Annuaire de l'Institut de droit international* et la *Revue du droit international*, (de Gand), année 1881, p. 72 et suiv.

(4) Tome VIII (1881), p. 285 et suiv. Cet article vise particulièrement la Suisse.

(5) *La Loi* du 17-18 octobre 1881 (n° 245).

(6) F. de Holtzendorff, *Die Auslieferung der Verbrecher und das Asylrecht*, Berlin, 1881; F. de Liszt, *Sind gleiche Grundsätze des internationalen Strafrechts anzustreben und eventuell welche?* Berlin et Leipzig, 1882.

Cette énumération, que nous pourrions rendre plus longue, montre suffisamment que tout ce qui concerne l'extradition des criminels politiques est aujourd'hui étudié avec une vive sollicitude.

IV. — Le rapide coup d'œil que nous avons jeté sur l'histoire de l'extradition nous a montré que plus le droit pénal international est devenu rigoureux pour les délits de droit commun, plus il a envisagé avec douceur les délits politiques, au point de les excepter complètement de l'extradition.

Un mouvement semblable, quoique moins accentué, s'est produit dans le droit pénal de la plupart des États particuliers. Sauf les cas tombant sous le coup des codes militaires ou sous l'application de lois martiales, les criminels politiques sont généralement traités aujourd'hui avec moins de sévérité qu'ils ne l'étaient autrefois et que ne le sont actuellement les délinquants non politiques (1).

En un mot, l'ancien droit envisageait le délit politique comme un délit de droit commun qualifié, et partant puni avec plus de rigueur ; tandis que le droit moderne a sorti le délit politique de la catégorie des délits de droit commun pour lui créer une position exceptionnelle et plus favorable (2).

Nous rechercherons plus loin quels sont les motifs de cette distinction, notamment au point de vue de l'extradition. Avant d'en arriver là, nous devons aborder une question excessivement délicate : la définition du délit politique.

C'est bien ici qu'on peut dire : *tot capita, tot sensus.*

Filangieri, adoptant une définition très simple, appelait délits politiques tous les attentats dirigés contre la constitution du gouvernement ou contre la souveraineté ; ce qui, il est vrai, laissait beaucoup à l'arbitraire des interprétations. M. Billot se rapproche de ce point de vue en disant que sous la qualification de crimes et délits politiques se rangent tous les actes qui ont pour but de porter atteinte, par des moyens contraires à la loi, à l'ordre politique ou à l'ordre social établi dans un pays (3). Suivant Ortolan, dont l'opinion, longuement motivée, a

(1) C'est ainsi qu'en Suisse, où le vote populaire du 18 mai 1879 a rendu aux cantons la faculté de rétablir la peine de mort, celle-ci continue cependant à être interdite en matière politique par l'article 65 de la Constitution fédérale.

(2) Comparer sur ce point Pfenninger, p. 12 et suiv.

(3) Billot, p. 102.

été souvent citée, le délit politique est celui qui lèse l'Etat dans un droit touchant à son organisation sociale ou politique et qui doit être réprimé dans un intérêt touchant à cette organisation (1).

D'autres auteurs ont cru devoir entrer dans plus de détails. Ainsi, d'après M. de Bar, il ne faut envisager comme délits politiques que les actes punissables qui naissent manifestement de la tendance à renverser illégalement l'Etat ou ses institutions, ou qui peuvent être envisagés comme une défense, dépassât-elle les limites de la légalité, contre les actes du gouvernement formellement illégaux ou contraires aux principes fondamentaux de la justice et de l'équité (2). Stuart Mill, au contraire, étendait beaucoup plus la définition des délits politiques en y faisant rentrer tous les délits commis dans le cours d'une guerre civile, d'une insurrection ou d'une « commotion » politique, ou pour favoriser de tels mouvements. M. Teichmann, qui cite et discute longuement ces diverses définitions, arrive de son côté à conclure que « la marque distinctive principale entre un crime politique et un crime commun doit être cherchée surtout dans le sujet passif du crime, dans un sujet qui est pour ainsi dire impersonnel (3). »

D'autres définitions ont plus spécialement en vue de résoudre la question de l'extradition. Celle adoptée par l'*Institut de droit international*, que nous avons indiquée plus haut, rentre dans cette catégorie.

A ce même point de vue, diverses solutions ont été proposées à la réunion de la *Société suisse des juristes*, tenue en 1880 à Berne.

Suivant l'un des rapporteurs, M. l'avocat Serment, l'extradition devait être refusée : — *A.* pour les délits qui portent atteinte uniquement à l'ordre politique de l'Etat où ils se sont commis; — *B.* pour les délits commis dans les guerres civiles ou insurrections, ou en vue de les fomenter, lorsqu'ils seraient justifiés par les usages de la guerre; — *C.* pour les délits de droit commun qui constituent en même temps des délits contre l'ordre politique, lorsque l'Etat réclamant les qualifie ou les poursuit d'une manière spéciale, ou les traduit devant des juridictions exceptionnelles, en raison de leur caractère politique. Elle ne peut être refusée pour des délits communs uniquement en raison de l'intention politique de leurs auteurs (4).

---

(1) Ortolan, *Eléments de droit pénal*, n° 724.

(2) L. de Bar, *Das internationale Privat-und Strafrecht*, p. 592.

(3) Teichmann, p. 510.

(4) Voir à ce sujet l'article plus haut cité de M. Roguin, p. 309.

Au contraire M. Morel, alors président du Tribunal fédéral suisse, proposa une définition tendant à restreindre considérablement l'extradition. Suivant lui, en effet, seraient envisagés comme délits politiques et ainsi exceptés de l'extradition : — *a)* les délits dirigés contre l'Etat ou l'ordre public; — *b)* toutes les autres actions condamnables qui, à raison de leurs buts ou de leurs mobiles, ont un caractère politique. Les délits connexes seraient compris dans cette catégorie, à condition que l'infraction de droit commun se trouve en relation intime avec le délit politique (1).

Nous n'essaierons pas, après toutes ces définitions contradictoires, de donner la nôtre. Si nous étions obligé de choisir, c'est à l'opinion de M. le juge fédéral Morel que nous nous rattacherions de préférence. Nous pensons que, pour déterminer ce qui est un délit politique, il faut tenir un très large compte de l'intention du délinquant et des mobiles qui l'ont poussé à agir. Sans doute, il ne suffira pas, pour qu'un acte ayant tous les caractères d'un crime de droit commun puisse être qualifié de délit politique, que l'auteur allègue avoir agi dans un but politique; mais si ce but est bien établi, si on ne voit pas d'autre mobile qui ait pu pousser l'auteur à agir, si, notamment, il est personnellement tout à fait désintéressé et qu'il n'ait poursuivi d'autre avantage que ce qu'il croyait être l'intérêt de son parti, il nous paraîtrait souverainement injuste d'assimiler un tel délinquant au criminel ordinaire qui, obéissant aux instincts les plus bas, n'a cherché qu'à satisfaire ses passions personnelles. Nous n'hésitons donc pas à considérer comme des actes politiques les cas de Charlotte Corday assassinant Marat, du peintre Courbet faisant démolir la colonne Vendôme, et même l'attentat de Guiteau contre le président Garfield.

Mais, à notre avis, c'est se bercer d'illusions que de croire que la question de l'extradition des criminels politiques peut être résolue à l'aide d'une simple définition des délits politiques. *Omnis definitio in jure periculosa*, disaient les Romains, et certes la bigarrure de celles que nous avons citées plus haut semble leur donner raison. Remarquons, en effet, qu'à supposer même qu'on puisse tomber d'accord sur une définition du délit politique, elle serait assurément fort loin de comprendre tous les actes et rien que les actes envisagés comme délits poli-

(1) Voir Roguin, p. 310.

tiques par le droit pénal de chaque Etat particulier. Il y aurait donc, dans la plus favorable des hypothèses, divergence entre le droit pénal international et le droit pénal national. Ceci démontre d'une manière péremptoire que la matière de l'extradition des criminels politiques doit être étudiée à la lumière d'autres considérations que celles tirées exclusivement de la théorie du droit pénal. En effet, ainsi que nous l'avons déjà dit, il y a là avant tout une question de droit international. Il ne s'agit pas, comme on a souvent l'air de le croire, d'assurer l'impunité à une certaine catégorie de délinquants ; mais il s'agit uniquement de savoir si la souveraineté des Etats doit être limitée par une obligation internationale imposant à chacun d'eux le devoir de livrer des individus qui se sont réfugiés chez lui, après avoir attenté, d'une manière ou d'une autre, à l'ordre politique d'un autre Etat. C'est sur ce point qu'il y a de grosses divergences d'opinions, notamment en ce qui concerne les délits connexes, les délits complexes et l'attentat contre le chef de l'Etat ; mais les définitions sont impuissantes à les lever, car elles sont toujours, chez ceux qui espèrent y trouver une solution, dictées d'avance par les conclusions auxquelles ils entendent arriver. Celles que nous avons indiquées plus haut sont là pour prouver notre dire.

Nous croyons donc ne pas devoir nous attarder à chercher une définition qui, loin de démontrer quoi que ce soit, aurait elle-même grand besoin d'être démontrée. Procédant comme l'a fait M. Renault dans l'article que nous avons cité, nous aborderons la question de front. Nous chercherons les motifs qui ont pu engager les Etats à excepter de l'extradition les délits politiques, et c'est en nous inspirant de ces raisons que nous essaierons de traiter la question des délits connexes, des délits complexes et des attentats contre le chef de l'Etat.

V. — Les raisons qui ont fait excepter les délits politiques de l'extradition sont nombreuses. On peut les grouper en deux faisceaux : celles tirées de la nature même des infractions politiques, de la théorie du droit pénal, et celles reposant sur des considérations essentiellement internationales.

Au point de vue strictement pénal on est généralement d'accord pour admettre que la criminalité des délits politiques est plus ou moins contestable. Lorsqu'il s'agit, dit M. Billot, d'une atteinte à l'ordre politique ou à l'ordre social établi dans un pays, les meilleurs esprits peuvent être partagés sur la criminalité d'un tel acte et sur la pénalité qu'il convient d'y appliquer (1). M. Teichmann, après avoir justifié la répression des infractions politiques et après avoir dit que la minorité qui veut attaquer la loi doit recourir à la persuasion et non à la violence, reconnaît aussi qu'il peut y avoir des gens qui, de très bonne foi, professent un principe opposé. Cela n'empêche point, dit-il, que quelques citoyens puissent être d'une autre opinion et qu'ils ne puissent pas être convaincus de la légitimité ou de l'utilité de telle ou telle mesure du gouvernement. Il se peut bien qu'ils attaquent ce système ou ce pouvoir, mus par de sincères convictions et sous l'empire d'idées contraires qu'il n'est pas permis de croire absolument criminelles et détestables (2). Et l'auteur cite ici l'opinion de M. F. Hélie, d'après lequel les crimes politiques supposent plus d'audace que de perversité, plus d'inquiétude dans l'esprit que de corruption dans le cœur, plus de fanatisme, en un mot, que de vices (3) Bluntschli trouvait la preuve de ce fait dans l'histoire, qui montre, selon lui, que ceux qui sont poursuivis comme criminels politiques ne sont pas toujours des hommes méchants ou pervers, mais qu'ils sont souvent des hommes exaltés et de bonne foi, quelquefois même de patriotes généreux et honorables (4).

Les délits politiques, en effet, sont moins dirigés contre les bases mêmes de la société que contre l'ordre établi; moins contre le gouvernement en lui-même que contre sa forme et contre ceux qui l'exercent. Ce n'est pas une anarchie définitive et permanente que rêvent, sauf quelques rares exceptions, les délinquants politiques; c'est un état politique et social meilleur, un état qui, selon eux, a déjà son germe dans tous les cœurs et s'établira de lui-même une fois que seront détruits les obstacles artificiels qui s'opposent à son avènement. Pour enlever ces obstacles, les moyens légaux ne suffisent pas; il faut une révolution, non pour renverser le droit, mais pour le consolider et l'asseoir sur sa véritable base.

Ces spéculations auxquelles se livrent, croyons-nous, la plupart des révolutionnaires, qu'ils aient ou non passé de la théorie à l'action, trouvent incontestablement dans l'histoire

---

(1) Billot, p. 103.
(2) Teichmann, p. 484.
(3) Chauveau et F. Hélie, *Théorie du code pénal*, n° 408.
(4) Avis de M. Bluntschli, concernant les réfugiés dits politiques, présenté au Congrès d'Oxford. Voir *Revue de droit international*, 1881, p. 72 et suiv.

une certaine justification et un certain encouragement. L'Etat moderne, on ne peut le nier, est fondé sur la Révolution, c'est-à-dire sur le délit politique perpétré en grand. Il ne peut et ne doit pas oublier son origine.

Il y a plus. L'histoire nous montre que le délit politique se manifeste principalement dans des conditions politiques ou sociales anormales. Assurément, il peut se produire un peu partout à l'état isolé ; mais il devient endémique là où les rapports naturels entre gouvernants et gouvernés sont troublés par des abus de pouvoir, là où la liberté de la parole, de la presse, des réunions ou des associations est restreinte ou supprimée ; là où le suffrage universel n'existe pas, ou est faussé par la candidature officielle ou la géométrie électorale (1). La réaction politique provoque les délits politiques, et c'est en grande partie parce qu'il n'a pas voulu se faire l'instrument de cette réaction que le droit international a refusé l'extradition pour cette catégorie d'actes.

Ceci nous conduit à aborder la seconde face de la question.

Au point de vue du droit international, un argument frappe tout d'abord. Les délits politiques, le plus souvent, ne sont pas punissables à la fois d'après la législation des deux Etats contractants ; ils manquent donc d'une des conditions nécessaires pour qu'il y ait extradition. Il résulte aussi de là, en ce qui touche ces infractions, que l'extradition serait généralement sans utilité directe pour l'Etat requis (2). D'autre part, on a dit que pour ces sortes de délits l'exil est presque toujours une punition assez rigoureuse. Cet argument, que relève le rapport de la commission anglaise (3), n'est pas sans valeur, puisque les pays qui pratiquent le droit d'asile ne le font généralement qu'à la condition que les réfugiés auxquels ils ont accordé l'hospitalité s'abstiennent de toute agitation politique. Cette inaction forcée doit leur être plus sensible que l'exil lui-même.

---

(1) Ce côté de la question est tout particulièrement développé par M. Pfenninger, p. 51 et suiv.

(2) Voir sur ce point Billot, p. 102, et l'article déjà cité de M. Brégeault.

(3) « Ce n'est pas une mince perte, ce n'est pas une légère punition, pour un tel homme (l'exilé politique), que de perdre la patrie pour laquelle il a risqué sa vie, et l'on peut parfaitement tolérer qu'il séjourne tranquillement dans la contrée où il a cherché refuge. » Voir Teichmann, p. 487.

Le silence est la plus grande persécution, disait Pascal ; jamais les saints ne se sont tus.

Mais ces raisons paraissent accessoires, comparées à celles que nous allons maintenant aborder.

De toutes les parties du droit, aucune ne subit autant l'influence de la politique que le droit pénal. L'histoire du droit criminel, a dit M. Laboulaye, ne signifie rien dès que l'on l'isole de l'histoire politique. Cette remarque, que le savant publiciste appliquait spécialement aux Romains, est vraie de tous les pays et de tous les âges. Il n'y a qu'à se rappeler combien l'opinion publique se préoccupe vivement de tout ce qui concerne le jury, les délits de presse, le droit de réunion et d'association , etc. La détermination des infractions politiques, la mesure des pénalités destinées à les réprimer , porteront donc toujours à un haut degré l'empreinte de la situation politique du moment ; en d'autres termes, il est inévitable que la législation sur la matière soit, dans une certaine mesure, entachée de partialité (1).

La même partialité existera chez le juge chargé d'appliquer une loi déjà partiale elle-même.

L'extradition, dit à ce sujet M. Teichmann, doit venir en aide à la justice générale. Or, serait-ce bien là le rôle qu'elle jouerait en cas de délit politique? N'a-t-on pas de la peine à croire à une justice calme et équitable lorsqu'on sent l'odeur de la poudre et qu'on entend les décharges des pelotons d'exécution? Que faut-il penser des cours martiales qu'on institue , des dépositions violentes de juges suspects de trop de clémence, des règlements arbitraires sur la composition des jurys, de l'établissement de tribunaux d'exception ? (2). La même impression a été traduite en ces termes par M. Renault : La considération essentielle qui, à mon avis, justifie la pratique actuelle en ce qui touche les réfugiés politiques, est donc que l'État requis ne serait pas sûr que la répression fût juste à raison des circonstances très diverses dans lesquelles ont pu se commettre les faits incriminés; à quoi il faut ajouter que, la répression étant juste en elle-même, le jugement pourrait ne pas être rendu dans des conditions d'impartialité suffisantes; les deux idées doivent être combinées (3). Bluntschli a dit de même : L'expérience montre aussi que les garanties d'une justice impartiale sont moindres lorsqu'il s'agit de procès politiques que dans les procès criminels ordinaires. Souvent, en effet, l'état d'excitation dans lequel se trouvent les représentants, soit des pouvoirs publics, soit du parti politique dominant, soit de l'opinion publique,. exercer même sur les tribunaux une influence qu'il sera

(1) Cet argument a surtout été mis en lumière par M. Pfenninger. Voir p. 43 et suiv. de son rapport.
(2) Teichmann, p. 480.
(3) Renault, n° 9.

difficile d'écarter. Et il ajoutait : Comme il ne serait pas possible, ni convenable au point de vue des relations amicales entre Etats, ni opportun d'exercer à l'égard de ces divers points un contrôle sur l'Etat poursuivant, l'Etat de refuge préfère refuser d'une manière générale l'extradition des personnes poursuivies pour délits politiques (1).

Ceci nous amène à un dernier et très sérieux argument contre l'extradition des criminels politiques : c'est qu'elle ne pourrait être admise, sans que le pays de refuge appréciât la criminalité des faits politiques à raison desquels le réfugié est recherché. Or, une telle appréciation, outre qu'elle serait fort difficile, irait à l'encontre des principes du droit international, puisqu'elle obligerait l'Etat requis à s'immiscer dans les affaires intérieures d'un autre Etat, et à s'ériger en juge de ses luttes politiques. L'Etat qui méconnaîtrait ainsi son rôle ne tarderait pas à se préparer des complications internationales. En accordant en effet, dit à ce sujet M. Teichmann, l'extradition à certains gouvernements qui se rapprochent le plus du nôtre par la forme, mais en la refusant à d'autres, on paraîtrait contester la légitimité de ces derniers et on encourrait le reproche de partialité (2).

Il est préférable, pense aussi sur ce point M. Renault, qu'une pareille question ne soit pas soulevée (3).

Tels sont, succinctement résumés, les principaux arguments invoqués en faveur de la non-extradition des criminels politiques. On peut dire qu'ils ne sont plus sérieusement contestés aujourd'hui. Mais s'appliquent-ils à toutes les infractions politiques ? Justifient-ils la non-extradition en ce qui concerne les délits connexes, les délits complexes et l'attentat contre le chef du gouvernement ? N'y a-t-il pas, dans ces cas spéciaux, des considérations plus puissantes en faveur de l'extradition ? C'est là le véritable nœud de la question.

VI. — M. Billot donne la définition suivante de ce qu'on appelle les *délits connexes* : L'infraction politique peut se trouver jointe à une infraction de droit commun par ce lien qu'on désigne sous le nom de connexité. Il ne s'agit plus, dans ce cas, d'un acte unique, mais de deux ou plusieurs actes distincts, commis par un ou plusieurs agents et joints par une relation plus ou moins intime (4).

(1) Avis présenté au Congrès d'Oxford. Voir *Revue de droit international*, 1881, p. 74.
(2) Teichmann, p. 486.
(3) Renault, n° 8.
(4) Billot, p. 106.

Malgré la clarté de cette définition, il n'est pas toujours facile, en pratique, de distinguer les délits connexes des délits complexes. Il règne même, à cet égard, une confusion regrettable dans la doctrine. Ainsi, M. Brégeault cite, comme exemple de délits connexes, le cas où des insurgés, pour les besoins de la lutte, pillent des magasins d'armuriers, envahissent ou détruisent des maisons particulières, etc. (1). M. Renault paraît envisager ces faits de la même manière (2), tandis qu'au contraire M. Billot y voit des délits complexes (3).

Cette confusion n'est pas faite pour élucider le débat. Il nous paraît certain, cependant, que pour qu'on puisse parler de délits connexes, il faut qu'il y ait plusieurs infractions distinctes, pouvant à la rigueur exister l'une sans l'autre ; tandis que le délit complexe est un acte matériellement un, mais se qualifiant à la fois comme infraction de droit commun et comme infraction politique. Ainsi, pour reprendre l'exemple cité plus haut, nous pensons qu'il s'agit incontestablement, en l'espèce, de délits connexes. Le fait du pillage des magasins d'armuriers, celui de la destruction des maisons, ne portent pas par eux-mêmes atteinte à l'ordre politique. Ce qui viole ce dernier, c'est le fait du soulèvement, de la révolution en vue de laquelle les insurgés se sont procuré, par des actes illégaux, des moyens d'attaque et de défense. Mais, à la rigueur, chacun de ces délits pourrait exister sans l'autre, et c'est là le critérium juridique, bien que, dans la plupart des cas, l'infraction de droit commun ne fasse que préparer ou accompagner l'infraction politique.

Tout autre est le cas du délit complexe, dont le type classique est l'attentat contre le chef de l'Etat. Ici, il n'est plus possible de disséquer l'acte matériel. Le bras qui frappe la poitrine du souverain prive un être humain de la vie, en même temps qu'il prive l'Etat de son chef. Il n'y a qu'un seul et même acte, mais il se qualifie doublement.

Revenons-en maintenant à la question. Faut-il extrader pour des infractions connexes à des délits politiques ?

(1) Voir l'article cité plus haut.
(2) Renault, n° 14.
(3) Billot, p. 104.

Si l'on dit oui, on s'évite la peine de rechercher dans chaque cas donné si l'acte pour lequel l'extradition est requise est connexe à un délit politique ou ne l'est pas. Il faudra extrader toutes les fois que la demande sera formulée pour un délit de droit commun, compris dans l'énumération du traité. — Si l'on dit non, on se réserve une liberté d'appréciation qui deviendra souvent embarrassante. La connexité doit-elle être admise, lorsqu'on profite d'une lutte politique pour assouvir ses passions personnelles, satisfaire une vengeance privée, ou porter atteinte à la vie ou à la propriété des citoyens dans un intérêt particulier? Y a-t-il connexité, même lorsque le lien qui unit les deux infractions n'est pas tellement intime que la jonction des procédures soit forcée? Ce ne sont point là des questions d'une solution facile, et pourtant l'Etat requis devra les résoudre, à moins que, tranchant le nœud gordien, il ne décide de refuser l'extradition dans tous les cas.

En fait, beaucoup de traités, si ce n'est la plupart, ont stipulé que l'extradition n'aurait lieu ni pour les délits politiques, ni pour les faits connexes à de semblables délits. La pratique a même étendu considérablement la notion de la connexité, en ne faisant aucune distinction entre les divers cas, et en refusant régulièrement d'extrader. C'est ainsi que les membres de la Commune, réfugiés à l'étranger, n'ont pas été livrés pour les délits de droit commun (assassinats, vols, incendies) à raison desquels ils étaient recherchés par l'autorité française (1).

La clause relative aux faits connexes et la pratique à laquelle elle a donné lieu sont vivement critiquées aujourd'hui. M. Renault, en particulier, les attaque avec force. Il y a là, suivant lui, une exagération déplorable, contre laquelle on ne saurait protester trop énergiquement. Autant l'exception relative aux faits politiques se justifie, autant il importe de la restreindre dans de justes limites, sans quoi on risque de la compromettre, et, en tout cas, d'altérer la notion du droit dans la conscience publique. Les hommes, de nos jours, ne sont en général que trop portés à voir avec indulgence les tentatives violentes pour changer l'ordre des choses établi, quand cet ordre de choses n'a pas toutes leurs sympathies et ne leur procure pas tous les avantages personnels qu'ils désirent. Il ne faut pas favoriser et encore exagérer cette tendance en effaçant toute distinction entre les individus qui invoquent des motifs politiques pour excuser leurs actes illégitimes et en ne tenant aucun compte des moyens employés (2). Ainsi, suivant M. Renault,

(1) Voir Renault, p. 65, note 2; et Roguin, p. 309.
(2) Renault, n° 16.

il y a une distinction à faire, et le critérium en est celui-ci : Tout ce qui s'explique par l'insurrection et en est une conséquence directe revêt le caractère de celle-ci au point de vue de l'extradition (1).

M. Teichmann s'élève de même contre la clause qui assimile les faits connexes au délit politique qu'ils accompagnent. Il n'est pas permis, dit-il, de pousser à outrance un principe vrai et recommandable en soi, parce qu'on ne peut s'aveugler sur les singulières conséquences que doit produire un pareil procédé. N'oublions pas, d'ailleurs, que les temps sont changés depuis 1848. Presque toutes les nations ont conquis dans une large mesure les droits de liberté qui leur appartiennent et que jadis on leur refusait opiniâtrément (2).

Ces objections ne nous paraissent pas suffisantes pour faire abandonner le principe.

Nous admettons volontiers, avec M. Renault, que l'Etat requis a toujours le droit d'examiner les cas spéciaux, d'apprécier la connexité et d'établir des distinctions suivant ce qui lui paraît juste. Mais nous pensons que l'Etat qui procéderait de la sorte s'exposerait, presque inévitablement, à des reproches de partialité. Il lui arriverait, sans doute, d'admettre moins facilement la connexité lorsqu'il aurait toute confiance dans les tribunaux du pays réclamant, et de l'admettre plus facilement lorsque cette confiance serait plus limitée, ce qui pourrait constituer un danger sérieux pour le maintien des bonnes relations internationales.

D'un autre côté, les considérations qui ont été développées plus haut, au sujet de la partialité des tribunaux du pays requérant, ont absolument la même force en ce qui concerne les

(1) Renault, n° 17.

(2) Teichman, p. 495. — Dans l'avis présenté par lui au Congrès d'Oxford, Bluntschli allait plus loin encore. Suivant lui, l'extradition devait être admise non pas seulement pour les délits connexes et les délits complexes, mais encore « dans les cas où ce n'est pas seulement l'ordre d'un Etat déterminé, mais l'ordre public et légal de toutes les nations civilisées qui est mis en danger et attaqué d'une façon criminelle. » « Tel est, » pensait-il, « le cas des conspirations *communistes* et *nihilistes* qui ont un caractère international et menacent toutes les autorités dans tous les pays. Aux maux internationaux, il faut des remèdes internationaux. » (Voir *Revue de droit international*, 1881, p. 74.) La mesure proposée par Bluntschli peut être fort agréable à certains gouvernements, mais elle ne saurait être consacrée par le droit international, car la détermination de ce qui est communiste et nihiliste pourrait conduire, en fait, à mettre complètement de côté le principe de la non-extradition des criminels politiques. Du reste, comme l'a fort bien fait remarquer M. Saripolos, ce n'est pas par la rigueur des lois qu'on peut combattre efficacement ces doctrines, symptômes d'un état social morbide, dont la faute est essentiellement aux gouvernements eux-mêmes.

faits connexes à un délit politique qu'en ce qui touche ce délit lui-même. Il ne servira à rien de stipuler de la manière la plus expresse que l'individu extradé ne sera mis en jugement que pour l'infraction de droit commun, et non pour l'infraction politique. Cette dernière exercera toujours une influence, soit sur la question de culpabilité, soit surtout sur la mesure de la peine. M. Teichmann lui-même ne peut méconnaître la force de cette objection; mais il se console en pensant que « nous pouvons empêcher une arrestation injuste, mais non un jugement inique », et que d'ailleurs « le sentiment d'honneur et son intérêt même ne permettraient pas à un gouvernement de violer impunément un engagement pris sérieusement (1). »

C'est là trop d'optimisme, croyons-nous. Quoi qu'en dise le savant professeur bâlois, les temps ne sont pas si changés depuis 1848. L'introduction du régime constitutionnel (et encore n'a-t-elle pas eu lieu partout) n'est pas une garantie suffisante contre les lois d'exception et les abus de pouvoir gouvernementaux. Les mesures de rigueur qui, dans certains pays, frappent aujourd'hui tel parti, peuvent en frapper un autre demain, et transformer en ardents révolutionnaires de paisibles citoyens dont personne n'oserait actuellement contester la loyauté. Pouvons-nous dire d'avance à quels moyens ils seront obligés d'avoir recours pour appuyer une résistance, ou pour soutenir un mouvement qu'ils croient sincèrement légitimes? Devons-nous nous lier les mains et nous engager d'avance à extrader tous ceux qui auront à leur charge une infraction de droit commun accompagnant le délit politique? Nous ne saurions l'admettre.

Conservons donc la clause relative aux faits connexes. Appliquons-la largement, en accordant asile à tous ceux qui, recherchés pour des faits auxquels la politique n'est pas étrangère, courraient risque de subir dans leur pays un jugement dont elle ne serait pas absente non plus.

VII. — Le *délit complexe* étant celui qui viole à la fois le droit privé et l'ordre politique, la solution théorique de la question d'extradition consisterait, semble-t-il, à qualifier l'acte

(1) Teichmann, p. 497 et 498.

incriminé en lui appliquant le caractère de la plus grave des infractions qu'il contient. L'extradition devrait donc être refusée, si le fait ainsi qualifié apparaît comme une infraction politique, et être accordée, si le délit de droit commun l'emporte.

Toutefois, les mêmes raisons qui ont conduit à excepter de l'extradition les faits connexes ont aussi fait rejeter cette solution. La difficulté de qualifier l'acte dans le pays de refuge et la crainte que les tribunaux de l'Etat requérant ne puissent se soustraire à toute considération politique ont généralement conduit à refuser l'extradition toutes les fois que l'acte à raison duquel elle est demandée présente un caractère politique (1). Cependant, ainsi que nous l'avons vu, un grand nombre de traités ont admis que l'attentat contre le chef du gouvernement ne serait pas réputé délit politique ni fait connexe à un semblable délit ; tandis que d'autres Etats, gardant le silence sur ce point, se sont réservé leur liberté d'appréciation dans chaque cas particulier.

Ce n'est pas ici le lieu de revenir sur les définitions. Nous avons déjà dit qu'à notre avis cette discussion n'aboutit à rien ; et, en effet, il y a des auteurs qui, tout en n'hésitant pas à reconnaître le caractère éminemment politique des attentats contre le chef de l'Etat, approuvent cependant pratiquement la clause insérée pour la première fois dans la convention franco-belge de 1856 (2). Que ces faits soient politiques ou non, la question fondamentale reste celle de savoir s'il faut extrader pour des délits complexes, et notamment pour les attentats, qui constituent le type le plus grave, le plus complet et le plus fréquent de ces sortes d'infractions.

Les avis ne sont pas moins partagés ici qu'en ce qui concerne les délits connexes. Il y a même a cet égard des divergences entre les partisans de l'extradition. Les uns, en effet, entendent l'accorder purement et simplement, tandis que d'autres n'y consentent qu'à certaines conditions. C'est ainsi que le projet adopté en 1880 par l'Institut de droit international renferme un article 15, ainsi conçu : En tout cas, l'extradition pour crime ayant à la fois le caractère de crime politique et de crime de droit commun ne

____

(1) Voir sur ce point Billot, p. 105.

(2) Telle est la manière de voir défendue par M. Brégeault dans l'article déjà cité.

devra être accordée que si l'Etat requérant (1) donne l'assurance que l'extradé ne sera pas jugé par des tribunaux d'exception.

Pour d'autres, l'extradition doit être subordonnée à la condition que l'acte incriminé ne soit puni, dans le pays réclamant, que comme infraction de droit commun, et non comme infraction politique. Tel est le sens de la proposition de M. l'avocat Serment que nous avons rapportée plus haut et d'après laquelle l'extradition devrait être refusée pour des délits de droit commun, constituant en même temps des atteintes à l'ordre politique, lorsque l'Etat réclamant les poursuit ou les qualifie d'une manière spéciale.

MM. Teichmann et Renault pensent que c'est aussi là le point de vue actuel de la Suisse. N'admettant pas que l'attentat contre la personne du souverain soit un délit d'une nature particulière, mais l'envisageant comme un délit de droit commun, compris par cela même dans l'énumération des traités, cet Etat n'aurait pu consentir jusqu'ici à accepter une clause semblable à la clause franco-belge (2).

Nous ne croyons pas, quant à nous, qu'il existe à cet égard un engagement quelconque. Du moment que les traités se taisent, les Etats ont le droit d'apprécier, dans chaque cas spécial, s'il leur convient de considérer les attentats contre le chef du gouvernement comme des délits politiques exceptés de l'extradition, ou comme des délits de droit commun. Leur appréciation pourra ne pas être la même dans tous les cas.

Toutefois, ici encore, nous pensons que les arguments que nous avons développés plus haut conservent toute leur force. Les raisons invoquées par les partisans de l'extradition en matière de délits complexes sont très semblables à celles avancées à propos des délits connexes. Elles sont essentiellement tirées de considérations pénales, et non internationales. Le passage suivant, que nous empruntons à l'étude de M. Renault, va le prouver :

Il peut y avoir et il y a souvent des doutes sur la légitimité d'un gouvernement, des moyens par lesquels il s'est établi et se maintient; par suite, on peut ne pas envisager de la même manière les tentatives faites pour le renverser et avoir plus ou moins d'indulgence ou même de sympathie pour les auteurs de ces tenta-

(1) La *Revue de droit international* (1881, p. 76) parle ici de l'Etat *réquis*. C'est évidemment une faute d'impression.

(2) Teichmann, p. 512; Renault, n° 26.

tives. Peut-on dire la même chose d'un assassinat froidement combiné et exécuté, d'un déraillement de chemin de fer, de l'explosion d'un édifice ou de tout autre de ces actes abominables trop fréquents de nos jours ? Sera-t-on embarrassé pour qualifier de pareils faits ? J'espère qu'il ne se trouverait pas un homme dont l'opinion ait quelque valeur, pour affirmer que celui qui assassine ou tente d'assassiner un chef d'Etat est digne de l'estime des honnêtes gens, et que l'assassinat est au nombre des moyens à employer pour transformer un régime politique (1).

Ici, dit encore à ce sujet M. Brégeault, *l'intérêt est si grand pour la société à se préserver contre de semblables crimes qu'il nous paraît supérieur à la règle de la non-extradition des criminels politiques, et nous pensons que c'est le cas d'admettre une exception à cette règle. En d'autres termes, l'extradition des assassins politiques nous paraît nécessaire, non parce que ce sont des criminels de droit commun, mais parce que ce sont des assassins* (2).

Il y a certainement beaucoup de vrai dans les passages que nous venons de transcrire, et nous ne serons pas le dernier à le reconnaître. Aussi bien n'avons-nous nullement l'intention de faire ici l'apologie du régicide, ni de glorifier les actes des Hödel, des Nobiling, des Passanante ou des Rissakoff. Néanmoins, nous pensons que dans des questions d'extradition, qui mettent en jeu la dignité et la souveraineté des Etats, il ne faut pas s'abandonner à des arguments de sentiment, mais s'en tenir strictement aux principes du droit, et surtout du droit international. Or, quelque abominables que nous paraissent les attentats du genre de ceux que nous avons rappelés, il n'en est pas moins vrai que l'Etat de refuge sera toujours mal placé pour apprécier la criminalité intrinsèque de tels actes. Les attentats politiques ne sont généralement, en effet, que l'explosion violente de sentiments auxquels on n'a pas permis de se manifester d'une manière légale ; ce sont moins des moyens destinés à amener un changement de régime (car ceux qui y ont recours font toujours du tort à leur propre cause), que des indices d'une situation politique et sociale profondément troublée (3). Le parti révolutionnaire dira toujours être en état de légitime défense contre l'oppression gouvernementale. Or, rien n'est plus difficile, même dans les causes criminelles ordinaires, que d'apprécier si les moyens employés en état de légitime défense étaient proportionnés à l'attaque. Qu'en sera-t-il, lorsque cette appréciation doit se faire par un

(1) Renault, n° 28.
(2) Article paru dans la *Loi*.
(3) Voir Pfenninger, p. 64 et suiv.

juge qui ne connaît pas suffisamment les circonstances et le milieu dans lesquels le fait s'est produit?

Quelle que soit l'atrocité des faits plus ou moins politiques à raison desquels une extradition est demandée, le point de vue que nous venons d'indiquer nous paraît ne jamais devoir être négligé. Il en est de même de ce qui a été dit au sujet de la partialité des tribunaux du pays réclamant. L'extradition, dit fort bien M. Billot, pourrait, il est vrai, être autorisée sous la réserve expresse qu'il ne sera pas tenu compte du délit politique. Mais les juges sauront-ils se soustraire aux préoccupations extérieures, à la pression de l'opinion publique? Dans l'appréciation d'un fait complexe, quoique unique, pourront-ils séparer les élémen's divers que la science y reconnaît?... Ce sont là des questions que l'esprit public, dans le pays de refuge, ne manquera pas de trancher en faveur de l'accusé (1).

Nous ne croyons donc pas, en résumé, que les délits complexes et l'attentat contre le chef du gouvernement, quelque graves qu'ils soient, puissent être traités autrement, au point de vue de l'extradition, que les délits politiques ordinaires. Les raisons de décider sont les mêmes dans les deux cas. Aussi n'approuvons-nous pas la clause franco-belge. Quant aux Etats qui ne sont pas liés, à cet égard, par une clause expresse, ils devront examiner, dans chaque cas spécial, s'il s'agit d'un acte politique ou non. Cet examen présente de sérieuses difficultés. Nous pensons qu'il faudra, ici, tenir un large compte des intentions de l'agent et des mobiles qui l'ont poussé à agir, surtout s'ils sont désintéressés; il faudra de même rechercher, mais avec beaucoup de prudence, si, dans les circonstances du cas, l'extradition ne présentera aucun des inconvénients qui la font refuser en principe pour les délits politiques. On a essayé de formuler, sur ce point, des règles plus précises. Nous en avons déjà indiqué quelques-unes. Suivant M. le professeur Ch. Brocher, il y a lieu de refuser l'extradition si le fait de droit commun se présente, avec le fait politique, en de tels rapports qu'il y ait des motifs suffisants de redouter au sujet du premier les mêmes dangers que pour le second (2).

Cette règle nous paraît bonne et conforme aux considérations que nous avons présentées nous-même. Nous la compléterons

(1) Billot, p. 105.
(2) Voir l'*Annuaire de l'Institut de droit international* et la *Revue de droit international*, 1879, p. 517.

toutefois, en disant qu'ici comme ailleurs le doute doit profiter à l'accusé.

Les conclusions auxquelles nous a amené ce travail pourraient donc être formulées comme suit :

1° Le principe de la non-extradition pour faits politiques doit être étendu aux délits connexes et aux délits complexes.

2° Dans l'appréciation du caractère politique de l'acte incriminé, ou de sa connexité avec un délit politique, l'Etat requis doit s'inspirer de vues larges, afin de ne jamais exposer un réfugié à subir, dans son pays, un jugement influencé par des considérations autres que celles dictées par la justice la plus impartiale.